Gobrecht

-

Wahrheit und Beziehung: Korrespondenz zwischen Bereichen

Eine natürliche Philosophie der Wahrheit

Reinhard Gobrecht

Wahrheit und Beziehung: Korrespondenz zwischen Bereichen

Eine natürliche Philosophie der Wahrheit

Bibliografische Information der Deutschen
Nationalbibliothek: Die Deutsche Nationalbibliothek
verzeichnet diese Publikation in der Deutschen
Nationalbibliografie; detaillierte bibliografische
Daten sind im Internet über www.dnb.de abrufbar.

Herstellung und Verlag:
BoD - Books on Demand, Norderstedt
ISBN: 9783751984812

Inhalt

1 Einleitung

In der empirischen Welt kann man die Idee der Wahrheit, in der Verwirklichung durch ihre Vielheit, nach den Platonikern, als Übereinstimmung mit etwas anderem verstehen. Mit anderen Worten: Der Kern der Wahrheit kann verstanden werden als eine Art Übereinstimmung bzw. Korrespondenz. Diese Vorstellung ist so alt wie die Philosophie selber. Bereits bei Platon findet man diese Auffassung[1] und auch bei Plotin.[2]

Eine Namensdefinition der Wahrheit kann die Wahrheit somit als eine Beziehung der Übereinstimmung definieren. Die entscheidende Frage ist: Was soll übereinstimmen? Aristoteles bestimmt die Wahrheit konkreter als Platon durch eine Übereinstimmungsbeziehung zwischen Rede und Sein, wenn er in seiner Metaphysik sinngemäß schreibt: Zu sagen das Seiende sei und das Nicht-Seiende sei nicht, ist wahr.[3] Anselm von Canterbury versteht unter Wahrheit ebenfalls eine Beziehung der Übereinstimmung zwischen Rede und Sein bzw. zwischen Rede und Ursache dieser Rede.[4] Thomas von Aquin benennt auch eine Übereinstimmungsbeziehung am Anfang seines Buches „Von der Wahrheit". Er schreibt: Es scheint, als sei Wahres ganz

---

[1] Platon: Phaidros, Kapitel 27, 247 ff.

[2] Plotin: Ewigkeit und Zeit, 4, 25 ff.

[3] Aristoteles: Metaphysik, Buch IV, Kapitel 7, 1011 b ff.

[4] Anselm von Canterbury: Über die Wahrheit, Kapitel 10

dasselbe wie Seiendes.[5] Bei Kant besteht die Übereinstimmungsbeziehung zwischen der Erkenntnis mit ihrem Gegenstand.[6] Tarski definiert Wahrheit, indem er eine Korrespondenz zwischen zwei Sprachebenen festlegt, nämlich zwischen einem formallogischen objektsprachlichen Bereich einerseits und einem geeigneten metasprachlichen Bereich andererseits.[7] Für die formale Logik ist eine solche Korrespondenz zwischen Sprachbereichen zu fixieren, denn eine formale Logik benötigt ein beschränktes Alphabet einer Objektsprache.

Tarski betont im zitierten Anhang auch, dass es nicht Aufgabe der Logik ist, zu ermitteln, was tatsächlich der Fall ist. Die Feststellung der Wahrheit obliegt somit nicht dem Logiker, sondern dem Einzelwissenschaftler, dem Experten des jeweiligen Bereiches. Der Logiker ist für den Umgang mit der Wahrheit, d. h. z. B. für die formallogischen Gesetze des Wahrheitstransfers zuständig, die dann vom Einzelwissenschaftler angewendet werden können.

Eine natürliche Philosophie der Wahrheit geht jedoch über die Logik und Sprache hinaus und verlangt nach einer allgemeineren Korrespondenz. Wenn man Wahrheit als Übereinstimmung mit etwas anderem versteht, wie die Platoniker, muss man zurück zu Platon. Denn die Wahrheit in ihrer Vielheit, wie wir sie in der empirischen Welt erkennen können, zeigt sich immer wieder anders und in

---

[5] Thomas von Aquin: Von der Wahrheit, 1. Frage, Artikel 1

[6] Kant: Kritik der reinen Vernunft, A 58

[7] Tarski: Einführung in die mathematische Logik, Anhang: Wahrheit und Beweis.

einem anderen: Als Eigenschaft von Aussagen, Urteilen, Erkenntnissen und Theorien, aber auch Handlungen, Charaktere und sogar Dinge können Wahrheit anzeigen. In ihrer Einheit ist die Wahrheit als Wahrsein immer dieselbe, eine Beziehung, zwischen einer Norm, einem Idealmaß, einem Musterbild einerseits, und einem Gemessenen andererseits. Stimmen Maß und Gemessenes in bestimmter Hinsicht überein, bewertet man diese Übereinstimmung durch den Wahrheitswert „wahr".

Die Bereiche des Seins und der Erkenntnis sind vielfältig, immer kann jedoch nach der Wahrheit gefragt werden, in jedem Bereich, zu jeder Zeit und zu jedem Zweck; die Wahrheit ist in ihrem Kern unerschütterlich immer dieselbe, wie bereits Parmenides feststellte.[8] Eine natürliche Philosophie der Wahrheit hebt daher die Warheitskonzeption Tarskis von der logischen Ebene auf die ontologische Ebene zurück. Die Wahrheitskonzeption Tarskis wird dadurch dahingehend verallgemeinert, dass sie auf alle Seinsbereiche und Erkenntnisbereiche zutreffen kann, denn überall kann ja nach der Wahrheit gefragt werden. Das soll in dem Sinne erfolgen, dass nicht nur Übereinstimmung zwischen Objekt- und Metasprache bestehen soll, sondern allgemeiner ontologisch zwischen einer Gegebenheit einer Objektebene und einer Gegebenheit einer Bestimmungsebene. Dabei liefert die Bestimmungsebene das Idealmaß und die Objektebene das Gemessene.

Mit einer natürlichen Philosophie der Wahrheit kommt man somit wieder zurück zu Platon. In der

---

[8] Parmenides: Vom Wesen des Seienden, Fragment 1

empirischen Welt kann man Wahrheit verstehen als Übereinstimmung mit etwas anderem. Jede Konkretisierung dieser Übereinstimmungsbeziehung bringt eine Reduktion von Wahrheit mit sich, wie einige der historischen Beispiele zeigen. In bestimmter Hinsicht ist dies von Vorteil, wenn man z. B. auf die Sprache oder logische Form Wert legt. In einer anderen Hinsicht, wenn man die Wahrheitsbeziehung vorschnell auf sprachliche oder formallogische Form reduziert, grenzt man dadurch anderes aus. Wenn man z. B. nach einem wahren Charakter fragt oder nach einem wahren Versprechen, dann muss man dieses beides mit Taten messen und nicht mit Worten.

Eine natürliche Philosophie der Wahrheit geht davon aus, dass Wahrheit eine Beziehung ist, und zwar eine zweistellige Relation, zwischen einem Maß und einem Gemessenen, obwohl das nicht sofort auf der Hand liegt, denn das Wort „wahr" ist kein Beziehungswort. Das Wort „wahr" ist einerseits ein Eigenschaftswort, ein Prädikat, andererseits wird es attributiv gebraucht, wenn man etwa an „wahre Freundschaft" oder „wahres Glück" denkt. Unser Geist misst alles und ist weder an den Bereich des Maßes noch an den Bereich des Gemessenen gebunden, er kann von den Dingen und Bereichen abstrahieren.[9]

Eine natürliche philosophische Theorie der Wahrheit wird im Folgenden kompakt zusammengestellt. Ihre kompakten Anteile wurden inhaltlich einem Kapitel meines Buches: „Die wohlgerundete Wahrheit" entnommen. Ausführliches dazu, wie Ergänzungen,

---

[9] Nikolaus von Kues, Der Laie über den Geist (Nr. 116)

Details, Hintergrundwissen, Beispiele und weiterführende Betrachtungen, wie z. B. zur Ideenlehre Platons, findet man in diesem Buch[10]. Schließlich ist die Wahrheit eine unsterbliche Idee, die zur oberen geistigen Welt gehört und deren Verwirklichung Anzeichen und Kennzeichen liefert, die wir mit unserem menschlichen Geist, in der empirischen Welt erkennen lernen können.

Für uns in der empirischen Welt ist die Idee der Wahrheit ein Musterbild von Wahrheit, ein normatives Ideal. In der oberen Welt ist die Wahrheit der Idee der Wahrheit, die Idee der Wahrheit selber; Maß und Gemessenes sind dasselbe. Damit wird aus der Übereinstimmungsrelation der Wahrheit in der oberen Welt eine Selbstidentität.

---

[10] Gobrecht: Die wohlgerundete Wahrheit: Eine Philosophie der Wahrheit

2 Vergleich mit Bekanntem

Eine Erkenntnis, die noch nicht überprüft und gerechtfertigt ist, eine Erkenntnis, die noch nicht gesichert ist, beurteilt die Forschung dadurch, dass sie versucht diese durch Vergleich mit etwas Bekanntem oder Vorausgesetzten, was gewiss erscheint, in Beziehung zu setzen.

Alle Forschung versucht das neu Erkannte mit dem bereits Bekannten in Beziehung zu setzen. Man wird hierzu Vergleiche anwenden. Ergibt sich durch die vergleichende Beziehung, in der gewünschten Hinsicht, eine Übereinstimmung, dann wird der Forscher ein Zutreffen bzw. Wahrheit feststellen. Bei einem Vergleich besteht jedoch die Schwierigkeit, dass Maß und Gemessenes trotz aller Annäherung verschieden bleiben können, wie Nikolaus von Kues in seiner Schrift: „Die belehrte Unwissenheit" feststellt. Wir streben das Ideal der Wahrheit an. Die Wahrheit hat für uns die Bedeutung der absoluten Notwendigkeit, die einzig ist. Unser Geist und unsere Mittel jedoch bewegen sich im Bereich des Möglichen, die Wahrheit bleibt somit strenggenommen in ihrer vollen Reinheit unerreichbar, ist aber durch Annäherung erreichbar.[11] Wenn wir im Folgenden von Übereinstimmung sprechen, sind wir uns bewusst, dass wir die bestmögliche Annäherung an das Ideal der vollen Übereinstimmung damit meinen.

---

[11] Nikolaus von Kues: Die belehrte Unwissenheit, Buch I, Kapitel 1-3

3 Wahrheit als Übereinstimmung

Wahrheit (allgemein) bedeutet Übereinstimmung unserer Erkenntnis mit dem Gegenstand dieser Erkenntnis. Eine Übereinstimmung kann im übertragenen Sinne bestehen. Es gibt nicht nur Übereinstimmung, wenn es sich um Gleichheit handelt. Übereinstimmung in der Logik ist eine andere als Übereinstimmung in den empirischen Wissenschaften. Übereinstimmung zwischen einem Ideal und seiner Verwirklichung ist wieder eine andere Übereinstimmung.

Wir möchten wissen, ob unsere Erkenntnisse bzw. Vorstellungen zu dem passen, was für uns Gegenstand der Untersuchung ist. Gibt es hier eine Übereinstimmung? Daran erkennt man, das Übereinstimmung sich von Gleichheit unterscheidet und über verschiedene Ebenen gehen kann. Man kann Gleichheit oder Identität als Sonderfälle von Übereinstimmung verstehen. So heißt es bei Heidegger: Gleichheit ist eine Weise der Übereinstimmung.[12] Übereinstimmung kann es auch in mehrerlei Hinsicht oder nur in einer Hinsicht geben, je nach dem, was wir wissen möchten. Ob es dann wirklich zu einer Übereinstimmung gekommen ist, hängt einmal von unserem Anspruch ab (Ausgangspunkt - Soll), mit dem wir an die Sache herangehen. Was soll wie aussehen oder wie beschaffen sein? Andererseits hängt es von unserer Entscheidung ab, wann wir Übereinstimmung behaupten (Endpunkt - Haben). Entspricht das Gefundene dem Gesuchten? Zum Dritten hängt es von der Art der Erkenntnis ab, von

---

[12] Heidegger: Sein und Zeit, Kapitel 6, § 44 a)

dem Seinsbereich, auf den sich die Erkenntnis bezieht.

In der Logik geht es um Übereinstimmung zwischen Objektsprache und Metasprache. In den empirischen Wissenschaften mag es um eine wissenschaftliche Theorie gehen, ob diese mit der wirklichen Praxis übereinstimmt. Wenn wir die große Liebe finden, vergleichen wir sie mit dem Ideal der Liebe, der Idee der Liebe, wir prüfen auf Verlässlichkeit. Haben wir die wahre Liebe? Wahrheit kann jederzeit etwas anderes sein und in einem anderen sein, denn der Gegenstand unserer Erkenntnis kann ganz verschieden sein, und deswegen ist Übereinstimmung auch nicht Übereinstimmung.

Wahrheit muss auch entschieden werden. Wenn ich bedauere, dass es kein allgemeines Wahrheitskriterium gibt, und deswegen keine Entscheidung treffen will, kann ich niemals die Wahrheit wissen. Das Agrippa Dilemma, benannt nach dem antiken griechischen Philosophen Agrippa, kann man so einfach nicht dauerhaft stehen lassen. [13] Das Dilemma sieht die folgenden Alternativen: Dissens, unendlichen Regress, Relativität, Zirkelschluss und Dogma. Mit der dialektischen Methode, kann man versuchen, zu einem Anfang vorzudringen; man kann z. B. die Dogma-Alternative wählen. Das Dogma sollte aber einen vernünftigen Anfang setzen, etwa durch einen unumstößlichen Punkt, einen archimedischen Punkt. Wenn ich eine Entscheidung treffe, und es zwischen Soll und Haben nicht so eindeutig zur Übereinstimmung kommt, wie es in

---

[13] Sextus Empiricus: Grundriss der pyrrhonischen Skepsis, Buch 1, Nr. 15, 164-169

der Logik und Mathematik der Fall ist, sondern ungenauer und nur annähernd, wie etwa in den empirischen Wissenschaften möglicherweise, dann kann ich aber eine Revision auch nach einer Entscheidung noch zulassen und später getroffene Entscheidungen durch neue Erkenntnisse verbessern. Wissen braucht Wachstum! In diesem Zusammenhang steht auch der von Popper beschriebene Wahrheitsgehalt bzw. empirische Gehalt, einer wissenschaftlichen Theorie und deren Wahrheitsnähe.[14]

---

[14] Popper: Logik der Forschung, Kapitel VI, Nr. 40, Zusatz (1968)

4 Übereinstimmung zwischen Objektebene und Bestimmungsebene

Wahrheit bedeutet Übereinstimmung. Dabei besteht die Übereinstimmung zwischen verschiedenen Ebenen, genauer zwischen einer Objektebene und einer Bestimmungsebene. Eine Übereinstimmung kann es beispielsweise geben zwischen Idee und Verwirklichung (Sein), zwischen Sein und Rede, zwischen Idee und Rede, zwischen Sein und Abbild. Die Aussage der Übereinstimmung kann mit wahr oder falsch bewertet werden. Die Prüfung der Übereinstimmung muss wissenschaftlichen Methoden genügen.

Zwei logische Aussagen können gleich oder äquivalent sein. Wir vergleichen logische Aussagen aber nicht und sagen ihre Übereinstimmung bedeute Wahrheit. Zwei Namen, zwei Begriffe, zwei mathematische Ausdrücke können das Gleiche bedeuten. Die Beziehung zwischen ihnen nennen wir Gleichheit oder Ähnlichkeit bzgl. ihrer Bedeutung. Bedeuten sie Verschiedenes sprechen wir von Ungleichheit. Die Beziehung der Übereinstimmung auf derselben Ebene, kann auf dieser Ebene beurteilt werden und benutzt für die Übereinstimmung meist die Idee der Gleichheit oder Ungleichheit.

Wenn wir Übereinstimmung über verschiedene Ebenen fordern, können wir auf keiner dieser Ebenen diese Übereinstimmung bejahen oder verneinen, wir müssen aus den Ebenen heraustreten nach außerhalb, und können dann eine Bewertung einer Aussage über die Elemente dieser verschiedenen Ebenen abgeben. Wir können die Übereinstimmung bejahen, dann bewerten wir mit wahr oder wir können die Übereinstimmung verneinen und bewerten dann mit falsch. Eine Übereinstimmung zwischen einer Erkenntnis und ihrem Objekt würden wir nicht Gleichheit nennen, sondern Wahrheit. Der Begriff der Übereinstimmung geht auf irgendeine Weise auch in die meisten Wahrheitstheorien ein, er ist aber näher zu fixieren; es ist klarzustellen, was genau und auf welche Weise übereinstimmen soll.[15]

Betrachten wir den deutschen Satz: Der Rabe ist schwarz. Dieser Satz ist wahr. Warum ist er wahr? Der Rabe, der zur empirischen Ebene gehört, hat eine Farbe, die auch zur Farbebene gehört. Nicht irgendeine Farbe, sondern wirklich die Farbe, die wir schwarz nennen. Wir haben also eine Übereinstimmung zwischen der Farbe, die wir am Raben wahrnehmen, die uns anschaulich gegeben wird und zur empirischen Ebene gezählt werden kann, mit der Farbe schwarz der Farbpalette, die wir zur Farbebene zählen können. Diese Übereinstimmung kann auf der Farbebene nicht allein festgestellt werden, hier können wir den Raben nicht anschauen, aber auch nicht allein auf der empirischen Ebene, denn hier haben wir keinen Vergleich, wir können das, was Farbe bedeutet und was die Farbe schwarz bedeutet nicht erst empirisch in Erfahrung bringen. Dadurch, dass wir uns schnell erinnern an eine Farbpalette, und an das, was die Farbe schwarz bedeutet, wird ein Vergleich über die Ebenen erst möglich. Nur durch diesen Vergleich des Elementes der Farbpalette mit dem Namen schwarz und der empirisch wahrgenommenen Farbe

---

[15] Vgl. Moritz Schlick: Philosophische Logik, I.6

schwarz kommt es zur Übereinstimmung. In diesem Beispiel ist die Bestimmungsebene die Farbebene und die Objektebene die empirische Ebene; Maß ist die normative Farbe schwarz, das Gemessene ist die angeschaute Farbe schwarz.

Wenn z. B. Idee und Plan mit der Verwirklichung, mit der Umsetzung übereinstimmen, vergeben wir, für die Aussage der Übereinstimmung, das Prädikat wahr. Ist die Verwirklichung das, was sie nach Plan machen soll? Wir sagen, die Übereinstimmung sei wahr, wenn die Verwirklichung dem Geplanten entspricht. Die Verwirklichung oder das Sein gehören zur Objektebene, die Idee bzw. der Plan zur Bestimmungsebene. Unsere Bewertung einer Aussage bzgl. der Übereinstimmung aber findet außerhalb dieser Ebenen statt. Wir prüfen die Verwirklichung gegen den Plan. Dieses Beispiel ist ein Beispiel für eine top-down Vorgehensweise, von der Idee zu ihrer Verwirklichung, vom normativen Idealmaß zur tatsächlich gemessenen Verwirklichung, Ursache der Wahrheit ist hier die normative Idee.

Zwischen Sein und Rede bedeutet das z. B., wir nennen die Rede wahr, wenn sie den Tatsachen, also dem Verwirklichten entspricht. Die Rede oder Aussage gehört zur Objektebene, das Sein zur Bestimmungsebene. Wir prüfen die Rede gegen das Sein. Das Sein bestimmt die Semantik; das Sein bestimmt das Wahrheitskriterium. Sein und Nichtsein bestimmen eine zweiwertige Logik und keine dreiwertige Logik. Unsere Rede ist veränderlich, sie ist anpassungsfähig, das Sein jedoch ist vorgegeben und in diesem Sinne konstant. Dieses Beispiel zeigt eine bottom-up Vorgehensweise von der Tatsache zum Begriff bzw. zur Aussage, vom Idealmaß der verwirklichten Tatsache zur formulierten wissenschaftlichen Aussage, die das Gemessene darstellt, Ursache der Wahrheit ist hier die Tatsache.

Wir vergleichen z. B. die objektive Idee der Gerechtigkeit mit der Handlung eines Menschen, ob seine Handlung Gerechtigkeit verwirklicht. Die Objektebene ist die Ebene der Handlung und ggfls. der Motive für die Handlung, soweit dies bzgl. der Motive überhaupt möglich ist. Die Bestimmungsebene, ist die Ebene der objektiven Ideen. Wir versuchen die Aussage zu bewerten, ob Idee und verwirklichte Handlung im Wesen der Gerechtigkeit übereinstimmen. Wir prüfen Handlung und Motive gegen die Idee, soweit wir das können. Hier ist die Idee konstant, das Mannigfaltige liegt in den unterschiedlichen Handlungen und Motiven.

Die Idee der Tapferkeit kann mit einer Rede (z. B. einem Essay) über Tapferkeit verglichen werden. Gibt es eine Übereinstimmung im Wesen der Tapferkeit zwischen Idee und Rede? Tapferkeit bedeutet eine Mitte zwischen Feigheit und Tollkühnheit, ein gesundes Maß an Angst. Wir bewerten die Rede, ob sie das Wesen der Idee widerspiegelt, mit wahr oder falsch. Die Objektebene ist die Ebene der Rede, die Bestimmungsebene die Ebene der Ideen. Wir prüfen die Rede gegen die Idee.

Dasjenige, was z. B. ein Gemälde zeigt, kann auf Übereinstimmung mit der Realität geprüft werden und die Aussage der Übereinstimmung kann, wenn die Übereinstimmung gegeben ist, mit wahr bewertet werden. Die Objektebene ist die Ebene der Nachbildungen, hier konkret das Gemälde, die Bestimmungsebene, die Realität, das reale Sein. Wir prüfen das Gemälde als Nachbildung gegen das Sein.

Wird Wahrheit nicht prädikativ, sondern attributiv ausgesagt, etwa wie z. B. „die wahre Liebe", „das wahre Glück", das „wahre Gold" etc., ist die Objektebene die Realität und die Bestimmungsebene beinhaltet das Ideal der entsprechenden Dinge oder die optimale Idee der entsprechenden Dinge. Kommt es dann zu einer quasi Übereinstimmung, spricht man von „wahrer Liebe" oder „wahrem Glück" usw. Beim „wahren Gold" z. B. ist die Idee bzw. das Ideal, die wissenschaftliche Erkenntnis über das spezifische Gewicht des Goldes. Der Goldschmied prüft das vorliegende Gold auf sein Volumen und auf sein Gewicht, er ermittelt das tatsächliche spezifische Gewicht und prüft diese gegen das ideale spezifische Gewicht. Dem Goldschmied obliegen hier die Rechtfertigung und die Übereinstimmungsaussage, ob es sich um reines Gold handelt.

Eine Prüfmethode, die es abhängig vom Erkenntnisinhalt ermöglicht, die behauptete Übereinstimmung nachzuprüfen, muss wissenschaftlich sein, objektiv und intersubjektiv. Ein Mehrheitsbeschluss ist in diesem Sinne nicht wissenschaftlich. Wir betrachten hier Wahrheit ganz allgemein und mit dem Anspruch von unerschütterlich, und damit zumindest nach wissenschaftlicher Methode.

5 Ideen der Gleichheit und Wahrheit

Zwischen einer Übereinstimmung als Gleichheit und einer Übereinstimmung als Wahrheit gibt es Gemeinsamkeiten aber auch Unterschiede. Die Ideen der Gleichheit und Wahrheit haben etwas Gemeinsames aber auch etwas Verschiedenes.

Man kann sich fragen: Was ist der Unterschied der beiden Ideen Gleichheit und Wahrheit? Wieso kann bei beiden Ideen Übereinstimmung vorkommen? Nun Gleichheit besteht z. B. in einer Übereinstimmung von Objekten derselben Ebene. Von der Gleichheit zweier Objekte würde man z. B. sprechen, wenn sie in allen Eigenschaften real übereinstimmen. Ist dies der Fall, hat man automatisch auch eine Art Symmetrie a ist gleich b bedeutet auch b ist gleich a. Besteht die Gleichheit von a oder b auch mit einem Dritten, mit c, kommt es auch zur Transitivität. Gleichheit bedeutet auch Reflexivität, denn a ist mit sich selbst gleich.

Reflexivität, Symmetrie und Transitivität kann es die auch beim Wahrsein in ähnlichem Sinne geben? Übereinstimmung zwischen Maß und Gemessenem ist reflexiv, wenn ich das Maß selber messe. Wenn das Maß mit dem Gemessenen übereinstimmt, stimmt auch das Gemessene mit dem Maß überein, also liegt auch Symmetrie vor. Wenn Maß und Gemessenes mit einem Dritten übereinstimmen, dann liegt auch Transitivität vor. Allerdings ist bei der Wahrheit die Übereinstimmung eine Übereinstimmung im übertragenen Sinne und nicht im realen Sinne. Gleichheit ist eine zweistellige Äquivalenzrelation auf einer bestimmten Menge. Übereinstimmung ist eine Beziehung, also auch eine zweistellige Relation, allerdings keine Äquivalenzrelation im herkömmlichen Sinne, denn die Übereinstimmung besteht nicht auf der gleichen Menge von Elementen, sondern zwischen verschiedenen Mengen, zwischen verschiedenen Bereichen.

Die formale logische Wahrheit bezogen auf die logische Äquivalenzrelation (symbolisch <=>) erfüllt ebenfalls die Eigenschaften der Reflexivität, Symmetrie und Transitivität. Bei der Wahrheit liegt Übereinstimmung meist nur hinsichtlich einer bestimmten Eigenschaft oder nur hinsichtlich einiger Eigenschaften vor; Gleichheit kann man auch total verstehen und auf alle Eigenschaften beziehen. Übereinstimmung bei der Wahrheit greift über verschiedene Ebenen, das kann also keine reale Übereinstimmung sein, wie bei einer Gleichheit, sondern nur eine Übereinstimmung in bestimmter Hinsicht bzw. im übertragenen Sinne. Wahrheit verlangt nur, dass eine Gegebenheit der Objektebene mit einer anderen Gegebenheit der Bestimmungsebene übereinstimmt. Diese Übereinstimmung, die bei der Wahrheit gefordert wird, ist eher eine rein logische Übereinstimmung und keine reale Übereinstimmung; sie ist eine Übereinstimmung im übertragenen Sinne, denn zwischen verschiedenen Ebenen kann es keine reale Übereinstimmung geben.

Wenn z. B. ein Begriff, denjenigen Gegenstand bezeichnet, den er bezeichnen soll, würden wir ihn aufgrund dieser Übereinstimmung als eindeutig bezeichnen. Wir würden sagen, das Urteil, dass dieser Begriff eindeutig ist, ist wahr. Die Übereinstimmung besteht damit hinsichtlich eines bestimmten tatsächlichen Gegenstandes, der unter diesen Begriff fällt, mit dem Gegenstand, den der gesollte Begriffsumfang dieses Begriffes erzeugt; der gesollte Begriffsumfang ist aber die Gegenstandsmenge mit genau diesem Gegenstand in der Vorstellung, während der tatsächliche Gegenstand in der realen Welt existiert.

Das Wort ‚gleich' drückt eine zweistellige Beziehung zwischen zwei Dingen, Namen, Begriffen o. ä. aus. Die Relation der Gleichheit spiegelt sich hier in direkter Weise am Wort ‚gleich' wider. Das Wort ‚wahr' drückt jedoch sprachlich gesehen keine Beziehung, keine Relation aus, sondern eine Eigenschaft. Das Wort ‚wahr' ist attributiv oder prädikativ zu verstehen. Die Beziehungseigenschaft der Wahrheit als Übereinstimmung, ist damit am Wort ‚wahr' nicht auf direkte Weise ablesbar, sie ist im Hintergrund verborgen.

6 Ontologische Erweiterung der Wahrheitskonzeption Tarskis

Eine formelle Definition von Wahrheit (allgemein) vergleicht zwei Ebenen miteinander: Objektebene und Bestimmungsebene. Eine Gegebenheit der Objektebene ist genau dann wahr, wenn sie mit einem Vergleichbaren auf der Bestimmungsebene übereinstimmt. Die Aussage über diese Übereinstimmung kann mit wahr oder falsch bewertet werden. Geprüft wird somit eine Gegebenheit der Objektebene gegen etwas Vergleichbares auf der Bestimmungsebene.

Betrachten wir Tarskis berühmten Satz: ‚Schnee ist weiß' dann und nur dann, wenn Schnee weiß ist, als Beispiel.[16] Die Gegebenheit der Objektebene in unserem Sinne, ist das Erfahrungsergebnis ‚Schnee ist weiß' (linke Seite der Äquivalenz). Dieses gehört zur formallogischen Objektsprache von Aussagen- oder Prädikatenlogik, im Sinne Tarskis. Als Objektebene sehen wir, in diesem Beispiel des Schnees, die menschliche Erfahrung an. Sie ist anpassungsfähig und muss bei neuen Erkenntnissen korrigiert werden. Die Bestimmungsebene ist im Sinne Tarskis die natürliche Sprache, die Metasprache, sie legt die Semantik für die Wahrheit fest (rechte Seite der Äquivalenz). Wir nehmen für unsere Zwecke jedoch allgemeiner, für dieses Beispiel, die Ebene des Empirischen, die Ebene der Realität als Bestimmungsebene an; wir überlassen

---

[16] Tarski: Einführung in die mathematische Logik, Anhang: Wahrheit und Beweis

die Semantik der Realität, dort wäre eine Gegebenheit die unmittelbar gegebene Anschauung oder das aktuelle Erlebnis, dass Schnee weiß ist. Über Erlebnisse oder Anschauungen können wir in der Metasprache, der natürlichen Muttersprache, reden. Während Tarskis Vergleich zwei Sprachebenen betrifft, würde unser Vergleich direkt bestehen, zwischen der neuen Gegebenheit der Realität (Bestimmungsebene) mit unserer bisher gemachten Erfahrung von Schnee (Objektebene). Wir lassen unsere Erfahrung von Schnee durch die Realität bewahrheiten oder nicht bewahrheiten. Die Frage bei diesem Beispiel lautet somit: Stimmt unsere Erfahrung von Schnee mit dem neuen Erlebnis von Schnee überein? Wäre der Schnee in der Realität nicht weiß, wie es z. B. bei sehr altem Schnee, an einem Gletscher der Fall sein kann, etwa anthrazit, müssten wir unsere Erfahrung korrigieren, wir könnten in diesem Fall keine Wahrheit feststellen.

Unsere Definition ist also allgemeiner als Tarskis Definition, sie enthält aber Tarskis Definition als Spezialfall. Mit Tarskis Definition von Wahrheit erreicht man eine formelle Wahrheit, die für die Logik interessant ist; unsere Definition soll dahingegen jede Art von Wahrheit zulassen und nicht auf die Sprachebene beschränkt bleiben. Unsere Definition ist aber trotzdem Tarskis Definition strukturell ähnlich, denn ebenso wie Tarskis Definition, ist unsere Definition nur eine Namensdefinition für Wahrheit. Sie enthält kein Wahrheitskriterium.

Des Weiteren ist anzumerken, dass es durch die Verallgemeinerung bedingt, keine absolute Korrektheit, geschweige denn gar Vollständigkeit zwischen Bestimmungsebene und Objektebene geben kann.

Korrektheit und Vollständigkeit sind z. B. da erreichbar, wo es sich um eine eingeschränkte formale Sprache handelt, wie etwa bei der klassischen Aussagen- oder Prädikatenlogik. Korrektheit und Vollständigkeit können vielleicht auch erreicht werden, wenn Bestimmungsebene und Objektebene sehr eingeschränkt und überschaubar sind. Korrektheit und Vollständigkeit bei der klassischen Logik bedeuten, dass man genau die semantischen Wahrheiten im logischen Kalkül ableiten kann, nicht mehr und nicht weniger. Durch die Verallgemeinerung der Ebenen muss man, was Korrektheit und Vollständigkeit angeht jedoch Erwartungen zurücknehmen. Die Wahrheit selber hat zwar den Charakter der Notwendigkeit, unser Vermögen und unsere Mittel sie zu erkennen, haben jedoch nur den Charakter der Möglichkeit.

In der Kritik der reinen Vernunft geht bereits Kant auf die Problematik bzgl. der Wahrheit ein, nämlich, dass es kein allgemeines Wahrheitskriterium geben kann. Er spricht von einer reinen Namenserklärung der Wahrheit, dass sie eine Übereinstimmung der Erkenntnis mit ihrem Gegenstande sei, und dass das Wahrheitskriterium fehle, und dass es auch ein allgemeines Kriterium der Wahrheit ohne Bezug zum Inhalt der Erkenntnisse, nicht geben kann. Der Bezug der Erkenntnisse zu ihrem Inhalt ist aber gerade dasjenige, was Wahrheit ausmacht.[17]

Im Sinne unserer Definition ist Wahrheit das Postulat, dass man zwischen zwei Ebenen, zwei Gegebenheiten vergleichen kann, und dass es so etwas wie Übereinstimmung zwischen diesen Gegeben-

---

[17] Kant: Kritik der reinen Vernunft B 83-84

heiten geben kann. In ähnlicher Weise heißt es bei Popper[18], dass der Wahrheitsbegriff die Rolle einer regulativen Idee spielt. An anderer Stelle heißt es bei Popper: Der Wahrheitstrieb ist der wohl stärkste Antrieb der Forschung.[19] In diesem Sinne hilft uns der Wahrheitsbegriff (die formelle Wahrheitsdefinition) bei der Suche nach der Wahrheit, er verhilft uns damit zum Glauben, dass es so etwas wie Übereinstimmung und damit Wahrheit geben kann. Die regulative Idee der Wahrheit beschreibt damit das Ziel und den Zweck jeder Forschung und Philosophie, nämlich der Wahrheit näher zu kommen.

Betrachten wir beispielsweise als Objektebene die Verwirklichung eines Planes in der Materie. Die Bestimmungsebene ist dann die Ebene des Planes oder der Idee. Konkretes Beispiel: Die handwerkliche Umsetzung eines Bauplanes für ein Regal ist wahr, genau dann, wenn das Regal so geworden ist, wie es geplant war. Die Gegebenheit auf der Objektebene ist die Realisierung des Regals. Diese Gegebenheit wird auf Übereinstimmung geprüft mit dem Vergleichbaren der Bestimmungsebene, mit dem Plan des Regals. Die Aussage der Übereinstimmung zwischen Realisierung und Plan kann dann bewertet werden. Bei Übereinstimmung vergeben wir das Prädikat wahr.

Die Aussage „der Schlüssel passt in dieses Schloss" ist wahr, wenn auf der Objektebene der Realität praktisch festgestellt wird, dass der Schlüssel wirklich passt. Auf der Bestimmungsebene ist

---

[18] Popper: Objektive Erkenntnis, Nr. 8.4, S. 330 und Nr. 9

[19] Popper: Logik der Forschung, Nr. 85

die Forderung, ist der Anspruch zu Hause, dass ein Schlüssel nur einen vernünftigen Gebrauchswert hat, dann wenn er passt. Die Wahrheitsfeststellung und Rechtfertigung der Wahrheit geschehen hier ganz und gar nicht sprachlich, sondern durch praktisches Ausprobieren des Schlüssels mit dem Schloss. Bei diesem Beispiel bedeutet das Wahrsein Passgenauigkeit und Zweckerfüllung des Gebrauchswertes.

7 Wesen der Übereinstimmungsbeziehung bei der Wahrheit

Die Objektebene ist die niedrigere Ebene und die Bestimmungsebene die höhere Ebene. Bewertet wird die Übereinstimmung einer Gegebenheit auf der Objektebene mit einem Vergleichbaren auf der höheren Ebene, der Bestimmungsebene. Während die Objektebene Veränderungen zulässt bleibt die Bestimmungsebene konstant. Bei dem Vergleich liefert die Bestimmungsebene das Maß, während die Objektebene das Gemessene bereitstellt. Die Übereinstimmung, die für Wahrheit erforderlich ist, ist zweifach: Erstens fordert die Gegebenheit der Bestimmungsebene die Gegebenheit der Objektebene, das Umgekehrte gilt nicht. Wenn Wahrheit vorliegen soll, wenn es zu einer Übereinstimmung kommen soll, muss zweitens die Gegebenheit der Objektebene auch wirklich vorliegen und auf die Gegebenheit der Bestimmungsebene rückverweisen. Die Übereinstimmung besteht dann, wenn Maß und Gemessenes zusammenpassen. Die Richtung von der Bestimmungsebene zur Objektebene bestimmt die Bestimmungsebene selber, sie setzt die Norm. Die Richtung von der Objektebene zur Bestimmungsebene obliegt der Nachprüfung und Rechtfertigung, also der Rechtheit und Wahrhaftigkeit desjenigen, der die Übereinstimmung behauptet, derjenige also der das Prädikat wahr vergibt. Dieser schuldet auch die Rechtfertigung.

Der Plan oder die Idee stehen höher als die Verwirklichung. Die Verwirklichung steht höher, verglichen mit der Aussage über das Sein. Ein Abbild einer Realität, ein Gemälde z. B. gehört zu einer niedrigeren Ebene als das abgebildete und real Verwirklichte, als das Sein selbst. Durch die verschiedenen Ebenen ergeben sich Abstufungen in der Wahrheit.

Ist die Objektebene z. B. die Rede und die Bestimmungsebene etwa die Ebene von Sein und Nichtsein, bedeutet der Nachweis von Wahrheit Folgendes: Wenn unsere Rede ein Seinsprinzip formuliert, wie etwa das Prinzip vom ausgeschlossenen Dritten, muss die Bestimmungsebene, also die Ebene von Sein und Nichtsein, dieses Prinzip auch widerspiegeln. Auf der Bestimmungsebene gibt es entweder Sein oder Nichtsein, aber kein Mittleres (Drittes). Damit haben wir eine Übereinstimmung und damit die Wahrheit.

Ist die Objektebene z. B. eine formallogische Sprache (zweiwertige Logik) und die Bestimmungsebene die gewöhnliche Sprache, also die Rede, bedeutet der Nachweis von Wahrheit Folgendes: Wenn im logischen Kalkül der Satz vom ausgeschlossenen Dritten ableitbar ist, dann ist auch der sprachliche Satz vom ausgeschlossenen Dritten immer wahr und umgekehrt. Die Ableitbarkeit des Satzes wird durch entsprechende Regeln auf der Objektebene festgestellt. Die semantische Wahrheit wird z. B. auf der Bestimmungsebene durch eine Wahrheitstafel festgestellt. Auf der Bestimmungsebene der Rede, muss man einen bewertbaren Satz, oder im Sinne von Frege einen bewertbaren Gedanken, entweder bejahen oder verneinen, eine dritte Möglichkeit ist ausgeschlossen. Insbesondere Fragen und Imperative sind also in diesem Sinne keine bewertbaren Sätze. Eine Bewertung kann natürlich definitiv nur ‚ja‘ oder ‚nein‘ lauten, ‚weiß nicht‘ oder ‚kann sein‘, ist nicht möglich.

Das Wesen von Wahrheit besteht also in der Übereinstimmung zwischen den entsprechenden Gegebenheiten der Objektebene und der Bestimmungsebene. Es geht also um die Korrespondenz zwischen verschiedenen Ebenen, z. B. um eine Korrespondenz zwischen Meinung und Tatsache, wie es bei Russell heißt[20]. Diese Korrespondenz ist aber nicht automatisch. Nur die Richtung Bestimmungsebene impliziert Objektebene ist strenggenommen als Norm festgelegt. Beispielsweise impliziert das Sein die Rede bzw. der Plan die Verwirklichung oder die Realität impliziert das Nachbild, welches von ihr angefertigt wurde. Die Norm muss natürlich auch in die Details der einzelnen Gegebenheiten hineinreichen. Für die Richtigkeit der Rückrichtung: Objektebene impliziert Bestimmungsebene, ist der Urheber, der Übereinstimmung feststellt, moralisch verpflichtet, er muss Übereinstimmung zuerst feststellen und nur dann darf er Übereinstimmung behaupten. Ist die Rückrichtung nicht wirklich vorhanden, kann es nicht zu einer echten Korrespondenz kommen, und damit kann es nicht zur Wahrheit kommen, es kann also dann nicht wahr sein.

Wer eine Übereinstimmung behauptet, wer also eine Korrespondenz herstellt, ist dafür moralisch verantwortlich. Wahrheit ist nur Wahrheit, wenn sie Rechtheit, wenn sie Aufrichtigkeit miteinschließt. Die Bewertung, ob Übereinstimmung vorliegt und damit Wahrheit, liegt also u.a. in der Verantwortung

---

[20] Russell: Probleme der Philosophie, Nr. 12

des Forschers. Liegt Übereinstimmung vor, stimmen Maß der Bestimmungsebene und Gemessenes der Objekteben zusammen. Das Messen selbst erfolgt durch unser Denken und unseren Geist, durch die von uns festgelegten wissenschaftlichen Methoden. Unser Geist stellt sich seine mutmaßliche Welt zusammen, eine von uns gewusste und gestaltete Wirklichkeit, eine wissenschaftliche Theorie z. B., und misst diese an der Wirklichkeit an sich, an der realen, durch höhere Vernunft geplanten und realisierten Welt, wie diese uns entgegentritt.[21]

---

[21] Nikolaus von Kues: Mutmaßungen, Teil I, Kapitel 1

8 Genaue Bereichsbenennung

Wahrheit als Übereinstimmung macht es notwendig anzugeben, was da zur Übereinstimmung kommen soll. Die Bereiche von Objektebene und Bestimmungsebene sind zu benennen, damit Wahrheit als Aussage der Übereinstimmung, zwischen den Ebenen festgestellt werden kann. Wahrheit und Falschheit einer Übereinstimmungsaussage, sind formell an die Verbindung und Trennung von Satzzeichen innerhalb dieser Aussage geknüpft.

Es bedarf der genauen Angabe, wo zwischen eine Übereinstimmung postuliert wird. Worin soll die Übereinstimmung bestehen? Zwischen Idee und Verwirklichung, zwischen Idee und Rede, zwischen Verwirklichung und Rede, zwischen Verwirklichung und Abbild oder zwischen Idee und Handlung bzw. Handlungsmotiv.

Die logische Wahrheit bewertet die Übereinstimmung einer formal logischen Aussage mit der logischen Wirklichkeit, die in der Semantik der Logik definiert wurde. Die ontologische Wahrheit bewertet die Übereinstimmung einer sprachlichen Aussage mit den Tatsachen des Seins. Als ideelle Wahrheit könnte man die Übereinstimmung zwischen Idee und Verwirklichung (Sein) bezeichnen.

Jede andere Objektebene und Bestimmungsebene erzeugt eine andere Wahrheit. Durch die verschiedenen relativen Wahrheiten können Abstufungen in der Wahrheit an sich entstehen.

Die verschiedenen relativen Wahrheiten können, wegen den Abstufungen in einem Kausalzusammenhang stehen. Die ideelle und die ontologische Wahrheit stehen höher als die logische Wahrheit.

Die ontologische Wahrheit ist Bedingung der Möglichkeit logischer Wahrheit; das Ontologische ist Ursache für das Logische.

Die Feststellung der Übereinstimmung zwischen den Ebenen, also der Nachweis der Wahrheit, kann sehr schwierig sein. Um Übereinstimmung zu erreichen, ist zu bedenken, dass Wahrheit unter Umständen sehr bereichsbeschränkt bestimmt werden muss. Mit geometrischen Axiomen und Gesetzen lassen sich keine arithmetischen Wahrheiten beweisen. Den entsprechenden gültigen Kontext zu bestimmen ist die Aufgabe des Wissenschaftlers, der um Wahrheit bemüht ist.

Betrachten wir die Übereinstimmungsaussage, die durch die Behauptung etwa: >Dieser Stein ist wirklich<, gegeben ist. In ihr wird eine Vorstellung eines Dinges mit der Realität verknüpft. Durch den Zusatz >ist< oder >ist nicht< wird Existenz zugesprochen oder abgesprochen. Je nachdem, was nun mit der Wirklichkeit übereinstimmt, ist die Behauptung wahr oder falsch. Wenn der Stein nicht wirklich ist, ist die Verbindung mit >ist< falsch, die Trennung richtig. Wenn der Stein wirklich ist, ist die Verbindung mit >ist< wahr, die Trennung falsch. Wenn der Stein wirklich ist, ist die Verbindung mit >ist nicht< falsch, die Trennung bzgl. >nicht< richtig. Verbindung und Trennung beziehen sich inhaltlich einerseits auf unsere Vorstellungen oder Erfahrungen und andererseits formell auf die Satzzeichen in der Übereinstimmungsaussage. Aristoteles[22] spricht von der Verbindung oder Trennung der Vor-

---

[22] Aristoteles: Lehre vom Satz, Kapitel 1, 16 a

stellungen; Locke[23] von der Verbindung bzw. Trennung von Zeichen.

Betrachten wir ein anderes Urteil, ein Geschmacksurteil, etwa: ‚Dieser Honig ist süß‘, ist ein Geschmacksurteil. Wenn unser Geschmack in Übereinstimmung mit diesem Urteil kommt, halten wir es für wahr. Bei der Wahrheit dieses Urteils, spielt die Erfahrung und das Empfinden eine Rolle. Die Wahrheit des Geschmacksurteils wird durch die Bewertung des Urteils mit wahr festgestellt; die Bewertung mit wahr ist allerdings in diesem Fall nur möglich, durch die Übereinstimmung unseres Geschmacks, der erfahren und nicht gedacht wird, mit dem Geschmacksurteil. Unser Geschmack zeigt hier die Wahrheit an. Honig ist süß, dann und nur dann, wenn er süß ist. Die Verbindung unserer Geschmackserfahrung mit der Realität, dass Honig süß ist, führt uns zur Wahrheit. Jedes Geschmacksurteil ist allerdings subjektiv; über Geschmack lässt sich bekanntlich streiten. In unserem Beispiel wird jedoch, höchst wahrscheinlich von jedermann, Honig als süß empfunden werden können.

---

[23] Locke: Versuch über den menschlichen Verstand, Buch IV, Kapitel 5, Nr. 2

9 Unmöglichkeit eines globalen Wahrheitskriteriums

Die formelle Definition der Wahrheit als Überein-
stimmung, ermöglicht eine einzige und gemein-
same Sichtweise, was Wahrheit und Wahrsein be-
deutet. Da die Wahrheit von Erkenntnissen ab-
hängt, und ein Wahrheitskriterium, wie man die
Wahrheit überprüfen will, immer auch vom Inhalt
der Erkenntnisse abhängt, kann es ein allgemeines
Wahrheitskriterium bzw. eine allgemeine Prüfme-
thode nicht geben. Die jeweilige Prüfmethode, die
vom Erkenntnisinhalt abhängt, muss wissenschaft-
lichen Ansprüchen genügen. Sie muss objektiv und
intersubjektiv sein.

Die Erkenntnis, dass ein bestimmter Deckel auf
einen bestimmten Topf passt, mach die entsprechende Aussage darüber wahr. Das Prüfen erfolgt
ganz einfach durch praktisches machen und praktisches sich vergewissern. Die Erkenntnis, dass man
zu jeder vorgelegten Anzahl von Primzahlen, eine
weitere Primzahl konstruieren kann, wurde bereits
von Euklid[24] festgestellt und konstruktiv nachgewie-
sen. Der Nachweis basiert auf elementaren mathe-
matischen Grundbegriffen der Produktbildung und
logischer Überlegung.

Die Erkenntnis des Ohmschen Gesetzes $U = R \cdot I$
(elektrische Spannung = Produkt von Widerstand
und Stromstärke) ist praktisch nachweisbar unter
Einbeziehung von Messgeräten. Die Erkenntnis,
dass eine Banknote echt und nicht gefälscht oder

---

[24] Euklid: Die Elemente, Buch 9, § 20

das ein Goldstück rein und unvermischt ist, wird wieder ganz anders überprüft. Das Postulat des Urknalls oder das Postulat der Existenz der Seele, jeweils als Hypothese oder als Behauptung formuliert sind so verschieden, dass allgemeine Wahrheits- bzw. Prüfbarkeitskriterien suchen zu wollen nicht zielführend ist.

Der gesunde Verstand und die richtige Anwendung von Vernunft und Logik haben jedoch für alle Erkenntnisinhalte ihre Bedeutung. Werden sie missachtet, wird Unlogisches für real möglich gehalten, wird dasjenige, welches aller Erfahrung widerspricht, für real möglich gehalten, dann wird auch die Überprüfung von Wahrheit scheitern. Die jeweilige Prüfmethode der behaupteten Wahrheit muss wissenschaftlich sein, d. h., sie muss objektiv und intersubjektiv sein. Sie muss also unabhängig vom Subjektiven, unabhängig von bestimmten Personen sein, und sie muss jederzeit wiederholbar sein. Ein Konsens innerhalb einer bestimmten Gruppe oder Weltanschauung ist keine wissenschaftliche Rechtfertigung; einigen kann man sich auch auf Irrtümer.

Da es ein allgemeines Kriterium der Wahrheit nicht geben kann, sind alle Wahrheitstheorien, die ein solches anstreben, unbefriedigend. Sie benutzen bestimmte Aspekte für die Wahrheit, die großenteils oder manchmal zutreffen, bleiben dadurch aber nicht mehr objektiv. Nach der Redundanztheorie der Wahrheit z. B., könnte man das Prädikat wahr weglassen, dies stimmt jedoch nicht immer. Beim Vorliegen von Aussagen zum Wahrheitsgehalt von Prämissen bzw. Voraussetzungen, ist das Wort wahr gerade von Bedeutung. Zwei kontradiktorische Aussagen können nicht gleichzei-

tig wahr sein, auch hier ist das Wort wahr aus-
schlaggebend. Die Kohärenztheorie der Wahrheit
verwechselt Wahrheit mit Widerspruchsfreiheit; Widerspruchsfreiheit eines Systems ist aber das absolute Minimum, was man sowieso verlangen muss.
Die pragmatische Wahrheitstheorie verwechselt
Wahrheit mit Nützlichkeit. Wahrheit kann aber vorliegen, auch wenn sie nicht nützlich ist, und sie
muss nicht vorliegen bei Widerspruchsfreiheit, denn
zwei sich nicht widersprechende Aussagen können
alle beide falsch sein. In diesem Sinne, stimmen wir
mit der Kritik Poppers überein; seine Kritik bezieht
sich auf die Wahrheitstheorien, die zur klassischen
und objektiven Wahrheitstheorie Tarskis im Wider-
spruch stehen.[25]

---

[25] Popper: Vermutungen und Widerlegungen,
Kapitel 10, Nr. 2

10 Charakteristisches von Objekt- und Bestimmungsebene

Die Bestimmungsebene ist die höhere Ebene. Die Bestimmungsebene bestimmt die Semantik. Sie definiert die normative Wahrheit. Sie bestimmt das Maß bzw. die Norm bzw. den Wahrmacher. Die Objektebene ist die Ebene der Veränderung, der Anpassung. Sie bestimmt das Gemessene, sie enthält den Wahrheitswertträger, d. h., auf der Objektebene sind beide Wahrheitswerte möglich. Die Bestimmungsebene ist Ursache für die Objektebene; die Objektebene ist Wirkung der Bestimmungsebene.

Bei einer formalen Logik z. B. findet die semantische Bestimmung auf der Bestimmungsebene der natürlichen Sprache statt. Hier werden Wahrheitskriterien festgelegt, z. B. wieviel Wahrheitswerte man zulassen will. Welche Axiome ausgewählt werden. Nach diesen Kriterien hat sich der logische Kalkül der Objektebene zu richten. Seine Rechtfertigungsregeln müssen, wenn die Logik vollständig ist, genau die Wahrheiten ableiten können, nicht mehr und nicht weniger; ein Zuviel würde die Korrektheit der formalen Logik verletzen und ein Zuwenig würde ihre Vollständigkeit verletzen.

Ist die Objektebene z. B. die Rede, die natürliche Sprache also, und die Bestimmungsebene das Sein, dann bestimmt das Sein die Semantik und die Wahrheitsnorm. Das Sein ist Ursache für die Rede; die Rede ist Wirkung des Seins. Sein und Nichtsein bestimmen zwei Wahrheitswerte und nicht drei Wahrheitswerte. Jeder Seinsbereich bestimmt für sich andere spezielle Wahrheitsnormen, damit ist die jeweilige Einzelwissenschaft gefordert, die sich mit dem jeweiligen Seinsbereich beschäftigt.

Die Bestimmungsebene ist immer die normative Ebene, die Objektebene ist immer die faktische Ebene. Auf der faktischen Ebene kann eine Anpassung oder Annäherung an die gewählte Norm nötig sein. Der Logiker stellt eine extensionale Logik zur Verfügung und allgemeine logische Gesetze. Der Einzelwissenschaftler ist Anwender der Logik und muss diese inhaltlich mit seinen jeweiligen fachspezifischen Prinzipien, Axiomen und Voraussetzungen ausstatten, damit Rechtfertigung kontextbezogen gelingen kann.

11 Abhängigkeiten des Wahrseins

Die gemeinsame Sichtweise des Wahrseins und der Wahrheit als Übereinstimmung zwischen Bereichen der Objektebene und Bestimmungsebene ist abhängig von folgenden Punkten:

(1) Systemabhängigkeit vom System, bestehend aus Objektebene und Bestimmungsebene.
(2) Abhängigkeit vom Inhalt der Erkenntnisse.
(3) Abhängigkeit vom Erkennbarkeitsgrad und der Entscheidbarkeit der Erkenntnisse.

In dieser Hinsicht ist die Wahrheit relativ, obwohl in ihrem Wahrsein ein absoluter Anspruch besteht.

Die Wahrheit als Übereinstimmung wird innerhalb eines Systems festgestellt, welches aus Bereichen der Objektebene und Bestimmungsebene und aus unserem Bewertungsvermögen besteht. Eine Änderung in einem Bereich auf der Objektebene oder auf der Bestimmungsebene kann bereits eine Systemänderung und damit andere Voraussetzungen und andere Wahrheiten bewirken.

Die Wahrheit ist abhängig vom Inhalt der Erkenntnisse, Wahrheit ist zudem bereichsabhängig d. h. kontextbezogen. Die Wahrheit hängt ebenfalls ab vom Grad der Erkennbarkeit bzw. von der Verborgenheit der Erkenntnisse. Wahrheit festzustellen, bedeutet immer eine Entscheidung zu treffen zwischen wahr und falsch; dies ist jedoch nicht immer punktgenau möglich und basiert manchmal auf einer gewissen Bandbreite, gerade was die empirischen Wissenschaften betrifft. Daher sind in diesem Fall Revisionsmöglichkeiten nötig.

Ein anderer Punkt ist, ob die Erkenntnisse überhaupt bewertbar und damit überhaupt entscheidbar sind. Bereits ein kleiner Objektbereich, wie die Peano-Arithmetik, führt laut Gödelschen Unvollständigkeitssätzen dazu, dass nicht jede Aussage dieses Bereiches bewiesen werden kann oder dass das System insgesamt nicht widerspruchsfrei ist.[26] Wir müssen also gerade in einer transzendenten Logik und bei wesentlich komplizierteren Bereichen davon ausgehen, dass es Erkenntnisse geben kann, deren Wahrheit wir nicht ermitteln bzw. nachweisen können.

---

[26] Vgl. Zoglauer: Einführung in die formale Logik für Philosophen, Kapitel 7.4 - 7.5

12 Sprachabhängigkeiten

Was die natürliche Sprache, die Rede angeht, ist zu beachten, dass diese mal auf der Objektebene zum Tragen kommt, mal aber auf der Bestimmungsebene. Mal ist die Sprache anzupassen, wenn sie selber Objekt ist, mal sind die Gegebenheiten der Objektebene anzupassen, wenn die Sprache selbst Bestimmungsebene ist. In einer dritten Hinsicht wird die natürliche Sprache zur Formulierung der Übereinstimmungsaussage zwischen beiden Ebenen als Hilfsmittel benutzt.

Zwischen Sein und Rede hat die natürliche Sprache die Funktion eines Objekts. Das Sein bestimmt hier die Semantik. Die Sprache hat sich dem Sein, den Tatsachen anzupassen. Sein und Nichtsein bestimmen die beiden Wahrheitswerte wahr und falsch.

Zwischen Rede und formalem logischen Kalkül hat die natürliche Sprache die Funktion der Semantik. In diesem Fall legt sie die Wahrheitsnorm fest, sie ist Bestimmungsebene. Der Kalkül und die formale Sprache haben sich in diesem Fall anzupassen. Die Semantik liegt in der Wahrheitstafel der natürlichen Sprache. Ein formallogische Ableitung auf syntaktischer Ebene, muss sich in einer Wahrheitstabelle auf semantischer Ebene widerspiegeln; diese darf dann entsprechend nur Einträge des Wahrheitswertes wahr enthalten.

Beim „wahren Gold", gehört das theoretische spezifische Gewicht zur Bestimmungsebene und liefert die Wahrheitsnorm. Das vorliegende Gold beim Goldschmied gehört zur Objektebene und wird durch praktische Messungen auf Reinheit überprüft, das praktische spezifische Gewicht wir ermittelt. In diesem Fall gehört die natürliche Sprache nur als Mittel zu den einzelnen Ebenen und zur Überein-stimmungsaussage; sie bestimmt nicht direkt die Semantik und muss auch nicht direkt für den Wahr-heitsprozess angepasst werden. Sie hat zu einem früheren Zeitpunkt zwar das wissenschaftliche Kri-terium des spezifischen Gewichtes des Goldes for-muliert, liefert aber bei der Bestimmung der Wahr-heit selber keine semantische Wahrheitsnorm, wie etwa bei der formalen Logik. Das theoretische spe-zifische Gewicht des Goldes selber ist ein Fixum, das zum Maßstab und zur Wahrheitsnorm wird. Die praktische Prüfung des Goldschmieds muss zeigen, ob Wahrheit vorliegt.

13 Literatur

Anselm von Canterbury - Über die Wahrheit, Felix Meiner Verlag Hamburg 2001

Aristoteles - Philosophische Schriften, Felix Meiner Verlag Hamburg 1995

Euklid - Die Elemente, Verlag Harri Deutsch, Frankfurt am Main 2010

Gobrecht, Die wohlgerundete Wahrheit: Eine Philosophie der Wahrheit, Books on Demand Norderstedt 2020

Heidegger, Martin – Sein und Zeit, Niemeyer Verlag Tübingen 2001

Kant, Immanuel - Kritik der reinen Vernunft, Felix Meiner Verlag Hamburg 1998

Locke, John - Versuch über den menschlichen Verstand, Felix Meiner Verlag Hamburg 1988 u. 2000

Nikolaus von Kues - Der Laie über den Geist, Felix Meiner Verlag Hamburg 1995

Nikolaus von Kues – Mutmaßungen, Felix Meiner Verlag Hamburg 2002

Nikolaus von Kues – Die belehrte Unwissenheit, Felix Meiner Verlag Hamburg 1994

Parmenides – Vom Wesen des Seienden, Suhrkamp Verlag Frankfurt am Main 1986

Platon - Sämtliche Dialoge, Felix Meiner Verlag Hamburg 1998

Plotin – Plotins Schriften, Felix Meiner Verlag Hamburg 1956

Popper, Karl R. - Logik der Forschung, Verlag Mohr (Siebeck) Tübingen 1989

Popper, Karl R. - Objektive Erkenntnis, Verlag Hoffmann und Campe Hamburg 1993

Popper, Karl R. – Vermutungen und Widerlegungen, Mohr Verlag Tübingen 1994

Russell, Bertrand - Probleme der Philosophie, Suhrkamp Verlag Frankfurt am Main 1967

Schlick, Moritz – Philosophische Logik, Suhrkamp Verlag Frankfurt am Main 1986 stw 598

Sextus Empiricus – Grundriss der pyrrhonischen Skepsis, Suhrkamp Verlag Frankfurt am Main 2013

Tarski, Alfred – Einführung in die mathematische Logik, Vandenhoeck & Ruprecht Verlag Göttingen 1977

Thomas von Aquin – Von der Wahrheit, Felix Meiner Verlag Hamburg 1986

Zoglauer, Thomas - Einführung in die formale Logik für Philosophen, Verlag Vandenhoeck & Ruprecht Göttingen 1997

Hintergrundinformationen und Details zu einer natürlichen Philosophie der Wahrheit, findet man in meinem Buch:

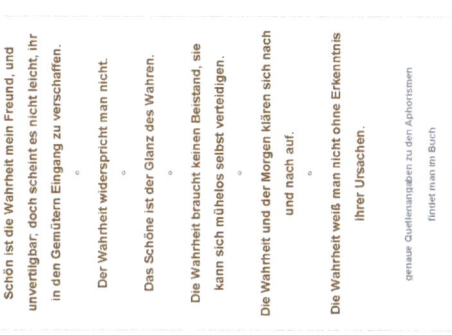

Schön ist die Wahrheit mein Freund, und unvertilgbar, doch scheint es nicht leicht, ihr in den Gemütern Eingang zu verschaffen.

o

Der Wahrheit widerspricht man nicht.

o

Das Schöne ist der Glanz des Wahren.

o

Die Wahrheit braucht keinen Beistand, sie kann sich mühelos selbst verteidigen.

o

Die Wahrheit und der Morgen klären sich nach und nach auf.

o

Die Wahrheit weiß man nicht ohne Erkenntnis ihrer Ursachen.

genaue Quellenangaben zu den Aphorismen findet man im Buch

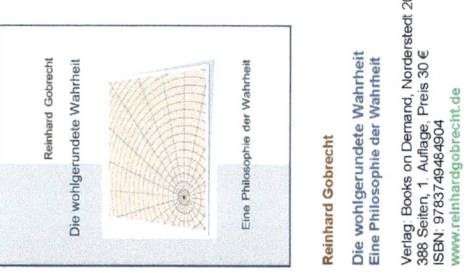

Reinhard Gobrecht

Die wohlgerundete Wahrheit

Eine Philosophie der Wahrheit

Reinhard Gobrecht

Die wohlgerundete Wahrheit
Eine Philosophie der Wahrheit

Verlag: Books on Demand, Norderstedt 2020
388 Seiten, 1. Auflage, Preis 30 €
ISBN: 9783749484904
www.reinhardgobrecht.de